George Lafenestre

# Paul Huet et le paysage français

*Critique*

ISBN : 978-1983884511

10  9  8  7  6  5  4  3  2  1

George Lafenestre

# Paul Huet et le paysage français

Critique

# Table de Matières

## Section I

L'un des bienfaits les plus précieux, le plus incontestable assurément que doit notre France à la puissante et féconde explosion du romantisme est l'admiration, émue et studieuse, du monde extérieur. Ce n'est pas que nos ancêtres, en aucun temps, soient restés insensibles aux beautés de la nature et aux charmes de la vie rustique, mais leurs poètes et leurs artistes, dans leurs premières naïvetés, mirent longtemps à trouver un langage assez précis, souple et coloré pour fixer et communiquer des émotions qu'ils ressentaient peut-être aussi vivement que nous. Dès le XIIIe siècle, pas un trouvère, pas un conteur qui n'adresse un salut au joli printemps, et ne promène les aventures, héroïques ou galantes, de ses chevaliers et de ses dames à travers la fraîcheur fleurie des plaines verdissantes ou dans l'ombre des forêts touffues. Mais avec quelles redites banales s'exprime, le plus souvent, cette sensibilité superficielle ! Combien, sous ce rapport, restons-nous en arrière de l'Italie et de l'Angleterre où Dante, Boccace, Chaucer, bien d'autres, savent déjà, en quelques mots, dessiner et peindre un paysage et ses habitants avec une surprenante justesse. Nos miniaturistes, si habiles de bonne heure à saisir la mimique des acteurs humains, et à leur faire jouer, en des cadres minuscules, des scènes graves ou plaisantes, d'une vivacité particulière, s'en tiennent encore à des détails, branchages, fleurettes, feuillages, oiseaux, insectes dont ils sèment leurs marges. Pour qu'ils s'intéressent, de plus près, aux végétaux et aux animaux, pour qu'ils les associent à la campagne environnante, il faut qu'un grand souffle d'art pur nous arrive des Flandres par les frères de Limbourg, et les Van Eyck.

Le succès, d'ailleurs, est admirable. Jehan Fouquet, le tourangeau, libre et avisé disciple à la fois des Van Eyck, de Pisanello et de Fra Angelico, s'assimile, avec une aisance charmante, leurs qualités diverses et fait mouvoir ses figurines en des paysages et des architectures d'une telle vérité, pour les formes et pour les lumières, qu'on n'a guère fait mieux, depuis, en aucune école. Et il n'est pas le seul ! Autour de lui, quelques-uns de ses émules anonymes ont fait aussi bien. Mais, après eux, il semble que les yeux, brouillés par les décadents d'Italie, se ferment ou se troublent durant un long siècle. C'est seulement en Claude Lorrain et Poussin que les arbres et le soleil trouveront des admirateurs passionnés, voulant et sachant en exprimer la grandiose et noble poésie. Aussi exaltés tous deux par les souvenirs de la beauté antique, que par leurs impressions directes devant la réalité vivante, ces nobles artistes s'autorisent, avec liberté, décision et variété, des exemples déjà donnés par les Vénitiens, les deux Bellini, Carpaccio, Basaïti, Giorgione, Titien, puis développés à Bologne par Annibal Carrache et le Dominiquin. Ils accordent enfin, dans leurs scènes historiques, une place si importante, si prépondérante au paysage que les acteurs, de plus en plus rares et amoindris, finissent par y disparaître presque entièrement dans les masses touffues des végétations majestueuses ou dans l'éblouissement diffus des splendides crépuscules. Ni le Lorrain, ni le Normand, ne perdent rien, dans l'*agro romano*, de leur sincérité française et de leur sensibilité atavique devant la nature (comme le prouvent leurs incomparables dessins), mais, précisément, parce qu'ils sont émus et sincères, ils traduisent très loyalement ce qu'ils ont sous les yeux. Leur franchise septentrionale ne leur sert qu'à mieux voir et à mieux comprendre la beauté méridionale ; et c'est grâce, sans doute, à cette association, spontanée et constante chez eux, des deux génies, qu'ils nous apparaissent, au-dessus de tous les paysagistes, comme leurs maîtres les plus complets, les plus internationaux, les plus humains, et qu'ils sont restés, jusqu'à nos jours, des inspirateurs et des conseillers écoutés et respectés dans toutes les écoles.

Tandis que Poussin et le Lorrain travaillaient à Rome, chez nous, à Paris, sous l'influence des controverses théologiques et philosophiques, des discussions grammaticales et théoriques, les lettres et les arts presque uniquement encouragés et cultivés en des milieux aristocratiques et mondains, se détachaient de la nature extérieure, pour se consacrer à l'analyse psychologique et la représentation expressive de l'homme, mais de l'homme seul, suivant des règles conventionnelles, dites classiques, parce qu'on croyait les trouver dans les chefs-d'œuvre grecs et romains. Ceux qui regardent les arbres et le ciel, comme La Fontaine, Racine, Fénelon sont des exceptions. Non moins rares sont les peintres qui se hasardent, même de loin, à suivre Claude et Poussin ; s'ils le font, comme les Patel, c'est avec une extrême timidité, en abritant leurs verdures légères sous la protection des colonnades académiques ou de fausses ruines antiques.

Les yeux fermés n'osent se rouvrir aux enchantements du paysage que par la grâce inattendue et l'émotion délicate de Watteau. Ce doux rêveur mélancolique, disciple fidèle des bons Flamands, ses compatriotes, ayant pris, par Rubens et chez Crozat, la nostalgie des Venises lointaines, donne hardiment pour fonds à ses petits acteurs, même ceux de la Comédie Italienne, non plus un décor de théâtre, mais les taillis et les futaies des vieux parcs nobiliaires où il a surpris leurs tendres entretiens et leurs gestes aimables. Presque tous les autres brosseurs de fêtes galantes ou de scènes familières, sans retrouver sa franchise, ne laissent point de s'en souvenir. Les motifs rustiques qu'Oudry et, après lui, Boucher, introduisent dans leurs cartons de tapisseries, ne sont pas sans intérêt, ceux d'Oudry surtout qui, dans ses dessins et quelques études d'après nature, est déjà un vrai paysagiste. Bientôt ce goût pour la vérité s'accentue et s'affirme, plus nettement, avec Joseph Vernet, dont certains morceaux pressent et préparent Corot, puis, avec plus de fantaisie, mais une véritable poésie, bien souvent, chez Fragonard et Hubert Robert. Enfin, le paysage isolé, le paysage pour lui-même, la pièce de cabinet et de salon, d'amateurs et d'expositions, le paysage-étude, pris tout entier sur nature, naïvement français, fait son apparition définitive, à la fin du XVIIIe siècle. Timidement introduit, d'abord, par le pauvre Lantara, il s'enhardit par degrés chez Bruandet (1750-1803), Louis Moreau (1740-1806), puis chez Georges Michel (1765-1843). Celui-ci meurt, octogénaire, à Montmartre, sans avoir connu la gloire de précurseur qu'il méritait.

A ce moment, l'amour, le culte, l'imitation de la nature ont été mis à la mode par Jean-Jacques Rousseau, Bernardin de Saint-Pierre et, enfin, Chateaubriand. Le mouvement, il est vrai, semble arrêté par le jacobinisme autoritaire et l'esthétique pseudo-antique de David fondée sur la seule imitation de la statuaire gréco-romaine, à l'exclusion systématique de toute représentation réelle et contemporaine. Le paysage surtout est sévèrement proscrit comme un genre inférieur et bas, digne à peine d'être exercé à côté de la peinture d'histoire, la grande peinture, condamnée elle-même à son rigide et immuable idéal. Heureusement, pour de vrais artistes, fatalement épris des formes et des couleurs, les plus solennelles théories, même formulées par eux, sont oubliées dans la pratique. David lui-même en donna l'exemple. Ce contempteur fanatique de la réalité sera l'un des portraitistes et peintres de figures contemporaines les plus exacts, les plus sincères que compte l'art moderne. Et chez ses élèves, même les plus soumis, voici que ce paysage maudit, le paysage arborescent, verdoyant, animé de douces lumières, sous la sérénité ou la mélancolie de ciels changeants, a bien vite l'audace de reparaître. Prud'hon en fait le fond de ses portraits ou de ses rêveries, et, dans ses épopées militaires, Gros s'y exerce, avec une ampleur et une justesse d'effet supérieures à tout ce qu'on connaissait.

Il n'est donc point vrai de dire qu'avant Paul Huet, qui, débuta, le premier, vers 1822, dans la peinture du paysage spécial et portatif, avant Flers, Cabat, Corot, Decamps, Isabey, Diaz qui le suivirent de près, l'art du paysage était perdu chez nous. La vérité est que, comme en Italie et dans les Pays-Bas, il avait d'abord été l'appoint naturel des scènes légendaires ou historiques exécutées par les peintres de figures. Il n'est point exact non plus de penser que l'évolution commencée par tous ces nouveaux paysagistes, dits romantiques, soit due à l'importation et à l'imitation des tableaux anglais, puisque, déjà, avant l'apparition victorieuse de Constable au Salon de 1824, dans quelques œuvres de Prud'hon, Gros, Géricault, on pouvait admirer des qualités similaires. C'est que des deux côtés, tous, Anglais et Français, s'étaient inspirés en même temps aux mêmes sources italiennes, flamandes, hollandaises, françaises, chez Titien, Rubens, Rembrandt, Poussin, Watteau.

Lorsque Paul Huet, à dix-neuf ans, attira les yeux d'Eugène Delacroix, par un petit paysage d'après nature fait à Saint-Cloud, il n'avait pas plus que le jeune auteur de la *Barque de Dante* la prétention d'être un révolutionnaire. L'un et l'autre pensaient simplement reprendre, avec plus de liberté et de sincérité, les traditions des vrais maîtres de la peinture, oblitérées et faussées par un pédantisme tyrannique et glacial. L'Exposition des œuvres de Paul Huet, à l'Ecole des Beaux-Arts et la publication de sa correspondance et de ses notes faite par son fils nous donnent aujourd'hui, l'occasion de rendre à ce noble artiste, trop oublié, l'hommage glorieux qu'il mérite. Ce doit être aussi celle de montrer, par son exemple, ce que furent la hauteur de l'intelligence, la solidité des convictions, la dignité du caractère, la santé de l'esprit et du cœur chez la plupart des artistes qui, alliés aux écrivains de leur temps, ont pris part à ce magnifique mouvement intellectuel et passionnel, d'imagination et d'études, littéraire et scientifique, philosophique et moral, qui a fait la force du XIXe siècle et restera son honneur.

## Section II

Comme la plupart de nos paysagistes, à cette époque, Paul Muet est un Parisien. Il est né le 10 vendémiaire an XII (3 octobre 1803) dans une vieille maison de la rue des Vieilles-Boucheries (aujourd'hui détruite), près de Saint-Germain-des-Prés. Par tous ses ascendants, il était de race normande. Son père, négociant notable de Rouen, ruiné par la banqueroute des assignats, avait échoué dans la grande ville où il s'efforçait, mais en vain, de rétablir sa fortune par un commerce de draps et de toiles. L'enfant, un tard venu, se trouvait le dernier de quatre frères et sœurs dont le plus jeune avait vingt ans de plus que lui. Son arrivée, dans une famille en détresse, semble avoir été accueillie sans joie. Sa mère était toujours malade. Il la perdit à sept ans. Toutes ces tristesses, jointes au spectacle de son père « luttant avec toute la noblesse d'un grand cœur et l'impuissance d'un honnête homme contre les injustices du sort, » contribuèrent, d'après son propre aveu, à développer chez lui « un mélange d'ironie sceptique et moqueuse longtemps uni à une tendresse nerveuse. « Tout enfant, ajoute-t-il, j'ai eu des passions d'amitiés ardentes et de funestes découragements. Cependant je n'avais lu ni Rousseau, ni Byron. » Mais ce qu'on a nommé plus tard « la fièvre romantique » était déjà dans l'air. Et si l'ironie sceptique et moqueuse du petit Parisien semble s'être émoussée dans l'expérience de la vie, sa nervosité sentimentale restera, jusqu'à la fin, la cause de ses plus vives jouissances et de ses plus amères douleurs. Si sa sensibilité enfantine souffrait déjà des soucis domestiques trop visibles autour de lui, sa conscience et sa volonté se trouvaient, d'autre part, déjà formées et préparées par les exemples de probité, de délicatesse, de tendresse multiplies à son entour. L'un de ses frères, sa plus grande sœur, Mme Richomme, et une simple employée du magasin, « fille au grand cœur » dont le dévouement devait l'accompagner dans toute sa vie, furent d'admirables consolateurs de sa première jeunesse.

La nature est d'ailleurs une seconde mère pour les orphelins. Déjà, avant son deuil, l'enfant, ayant été envoyé en pension à Choisy-le-Roi, avait éprouvé, dans ses promenades aux champs, des impressions qu'il ne devait jamais oublier. Le magasin obscur où il grandissait, — à l'heure même où Corot en faisait autant dans un salon de coiffeur-modiste au coin de la rue du Bac, et Decamps dans un bureau de changeur rue du Mail, — et la cour triste et froide dont les murs sales étaient son habituel horizon ne l'emprisonnaient plus constamment. Son père, désireux de l'instruire, l'avait envoyé, comme externe, d'abord au collège Napoléon (Henry IV), puis au collège Bourbon. En allant à ce dernier, l'écolier traversait les ponts. Soir et matin, comme Corot sur le seuil de sa porte, il avait le merveilleux spectacle du grand fleuve roulant ses eaux, claires ou troubles, entre ses berges, moins encaissées qu'aujourd'hui, et couvertes alors de hauts bouquets d'arbres, sous les lumières, nacrées ou empourprées, des crépuscules éternellement divers, éternellement enchanteurs. On faisait aussi l'école buissonnière, on grimpait au Louvre où, jusqu'en 1815, le Musée Napoléon réunissait tous les chefs-d'œuvre de la peinture européenne ; après 1815, il y restait encore assez de Titiens, de Poussins, de Rembrandt pour tourner de jeunes têtes. D'ailleurs, en bas du Musée, dans le Carrousel, n'y avait-il pas les échoppes et les cartons des antiquaires et des bouquinistes ? C'est là qu'un jour, le collégien fut ébloui et se sentit, pour la vie, frappé au cœur par une eau-forte de Rembrandt sur laquelle on lisait : *Tacet, sed loquitur.*

Il faisait, d'ailleurs, au collège, de fort bonnes études. Il excellait surtout aux vers latins. Nous ne savons s'il en fit toujours, comme aujourd'hui le bon peintre, Ferdinand Humbert, l'un des derniers, sans doute, et fidèles humanistes, toujours prêt à scander l'hexamètre et le pentamètre, à l'occasion, avec une verve lapidaire, mais il fréquenta toujours, comme Delacroix, Corot et Millet, les poètes anciens. Un de ses oncles, abbé et professeur, le voulut même pousser à l'enseignement. Il était trop tard ! L'adolescent déclara que son parti était pris. Un de ses beaux-frères, libraire, se fit fort de lui assurer vite un gagne-pain en lui commandant des illustrations. Son père le confia à un bon maître de dessin qui le mit, nous dit-il, « dix-huit mois, au régime des têtes de Lemire. » Deux des trois Lemire, le père, sculpteur, son fils, Charles, professeur à l'Ecole Polytechnique, étaient les proches voisins des Huet, rue Childebert et de l'Abbaye. Le troisième, Antoine, avec sa femme, peintresse, habitait rue de Vaugirard. C'étaient des davidiens convaincus, mais, néanmoins, les deux derniers au moins, gagnés par la séduction romantique. Antoine, en 1810 et 1814, expose des *Scènes de naufrage tirées d'Oman*, Mme Antoine, en 1812, *Madame de la Valhère à genoux devant le portrait de sa mère*, en 1819, *Isenburge, reine de Flandre, adoptant les enfants d'Agnès de Misaure*. L'aîné, le professeur des Polytechniciens, s'en tient, lui, aux *Domitiens, Trajans* et aux allégories instructives. *L'Amour, mettant son carquois, foule aux pieds les attributs de la Prudence et de la Force*. Est-ce chez ce dernier que le jeune voisin prit, avec la science des hachures en losange, « la prudence, la modestie, l'amabilité, la constance ? » C'est possible, car c'était bien là une de ces familles de bourgeois-artistes, si nombreuses au XVIIIe siècle, où les vertus familiales et sociales comme les principes d'art se transmettaient de père en fils.

Fatigué, à la fin, de ce régime sec et froid, il demanda à entrer chez Pierre Guérin, dont l'atelier était célèbre. « Il pénétra dans ce sanctuaire, rempli d'illusions, sage d'ignorance. » Mais, hélas ! il avait vu le *Chasseur* et la *Méduse* de Géricault, il en parlait avec enthousiasme ! Ses camarades, les sages, le traitèrent vite en renégat ; ils lui prédirent qu'il ne serait jamais « qu'un petit Van Loo. » C'était la plus terrible des injures. « Je n'y fus pas longtemps sans sentir un certain dégoût ; on me parlait antique et je voyais faire des morceaux de bois. Je me battais les flancs pour admirer ces productions annuelles coulées au même creuset… Je n'y comprenais rien. » Et il se souvenait des Prud'hon, des Charlet, des Géricault qui l'avaient ému, et surtout de Rembrandt ! « Et j'entendais proscrire. Rembrandt, et je me répétais cette phrase : Tu n'auras jamais le prix de Rome ! »

Gros était alors, aux yeux des jeunes, le propagateur le plus hardi des idées nouvelles. Ses magnifiques scènes militaires, où la vérité des types, la variété des mouvements, la franchise des expressions, se présentaient, en reliefs vigoureux, dans une harmonie, éclatante et chaude, de couleurs grasses et franches, étaient, en effet, l'affirmation, par le meilleur des élèves de David, de principes absolument contraires à ceux de son maître. C'était bien lui, avant et avec Géricault, le prédicateur et l'apôtre de l'hérésie scandaleuse qu'on commençait d'appeler, avec mépris, le Romantisme. Quel beau peintre d'actualités vivantes ! Quel beau peintre aussi de paysages d'Orient et même de paysages du Nord sous le soleil ou dans la neige ! Le jeune Huet, lâchant Guérin, courut donc chez Gros.

On assistait alors à un spectacle déconcertant pour les fanatiques des deux partis, pour les réactionnaires classiques autant que pour les révolutionnaires romantiques. L'auteur des *Pestiférés de Jaffa*, de la *Bataille d'Eylau*, du *François Ier à Saint-Denis*, malgré son indépendance, était resté profondément estimé par David. Celui-ci, le régicide, exilé à Bruxelles, l'ayant chargé de diriger son atelier, Gros se faisait un devoir d'obéir aux ordres de son maître. Il instruisait donc ses élèves selon la formule froide et théâtrale de l'idéal absolu, il poussait même l'abnégation jusqu'à renoncer lui-même, dans ses œuvres nouvelles, aux exigences de son tempérament et aux qualités propres qui avaient fait sa gloire. Etrange et douloureux sacrifice, dont les conséquences furent une impopularité rapide, et, sous le coup de basses injures, le désespoir et le suicide dans quelques pieds d'eau, au Bas-Meudon. Or, pendant ce temps, que faisait en Belgique l'auteur des *Horaces* et des *Sabines* ? Ce rigoriste intransigeant, adversaire déclaré de la couleur et du réalisme, se laissait ensorceler, à son tour, par Rubens, Van Dyck et même Frans Hals ; il se convertissait à leur franchise pittoresque, et ne reculait pas même devant la vulgarité ou la laideur de ses modèles pourvu qu'il en exprimât avec éclat le caractère (*Trois Dames de Gand* au Louvre). Il l'avouait, lui-même, dans une lettre à Gros sans que celui-ci connût alors sans doute jusqu'à quel point le patron poussait l'infidélité à ses doctrines scolaires, dont il n'avait jamais fait bon marché si résolument en vue de l'effet coloriste, par une de ces inconséquences heureusement fréquentes chez bien des créateurs, artistes ou poètes.[1]

---

1 « Ne me suis-je pas avisé de viser à la couleur ? et moi aussi je veux m'en mêler, mais c'est trop tard en vérité. Si j'avais eu le bonheur de venir plus tôt dans ce pays, je crois que je serais devenu coloriste. Ce pays y porte ; tout ce qui l'entoure est d'un ton admirable, et, dans ce pays, ceux qui exercent notre art, même sans être de grands peintres, ont un coloris que les Français sont bien éloignés de posséder. » (Lettre de David, le septembre 1817.)

Gros, par honneur, dans l'atelier, ne jugeait donc plus toujours suivant son goût, mais suivant sa consigne, Huet ne tarda pas à s'en apercevoir. La mort de son père coupa court à son embarras. Il ne pouvait plus payer l'atelier, il fallait vivre. On lui proposa d'entrer dans une fabrique de papiers peints. Il refusa. « Des dessins pour les almanachs, des leçons données à des élèves qui, ne sachant rien, étaient presque aussi forts que leur maître, » suffisaient, depuis quelque temps, à ses besoins. Il n'en demandait pas plus, mais la crise fut dure : « Sans mes lectures poétiques et mon amour des champs, je ne sais pas ce que je serais devenu… Transporté par la lecture des poètes et des romanciers, j'espérais rendre toutes ces scènes, ces grands spectacles. Vers cette époque je commençai, avec une grande naïveté, mes premières tentatives de paysage, à Saint-Cloud. »

Saint-Cloud et l'Ile Séguin, alors presque déserte, couverte d'arbres et de végétations sauvages, furent, en effet, ses premières découvertes dans cette banlieue parisienne et cette France dont lui et ses camarades allaient bientôt explorer tous les coins. Huet y passa plusieurs saisons chez un ami, le peintre Lelièvre. Ses premières aquarelles d'après nature, exposées chez un marchand de tableaux, Gauguin, surprirent quelques amateurs par leur simplicité et leur sincérité. « Un soir, chez Susse, Delacroix dit à Poterlet, Comairas, Jadin : Je viens de voir un paysage bien étrange, j'aimerais savoir qui a fait cela ; c'est signé Huet, c'est très bien. — Mais c'est ce petit qui travaille cette semaine à côté de toi- Or, Delacroix en ce moment, venait d'exposer la *Barque du Dante*. Les jeunes gens se lièrent pour la vie. Pendant un mois, Delacroix grimpa presque chaque jour jusqu'à la chambrette de la rue Madame, 27, où le paysagiste peignait son premier tableau, *le Cavalier*.

Ces deux essais du débutant sont aujourd'hui sous nos yeux. La Lisière de bois qui enchanta Delacroix et décida du sort de Huet est une étude vive et colorée, incertaine encore et tâtonnante. En haut, une rangée de grands arbres, fermes et feuillus, profilés en masses lourdes sur un fond de ciel crépusculaire, d'an bleu léger, sous une montée de nuages rougissants. En bas, une large pente gazonnée, noyée dans l'ombre. L'aspect général est grave et recueilli, d'un vert sombre, que ravive, en bas, par sa tache rouge, un corsage de paysanne. C'est la note complémentaire qui deviendra bientôt la coiffure de tant de bateliers, pêcheurs, laboureurs, chez Corot, Rousseau, etc. La vérité dans les structures et la coloration des végétaux et des terrains, l'émotion intime avec laquelle l'artiste en fait sentir la grandeur et le calme, s'y affirment déjà avec cette force d'unité qui sera toujours la caractéristique du peintre. Rien, en effet, dans les petits paysages du temps, ne ressemble à cela. C'est bien la rupture décidée avec les généralisations et les sécheresses du paysage historique. Nulle affectation, pourtant, de procédé nouveau. Quelques réminiscences, seulement, non dissimulées, d'admiration pour les vieux conseillers de Hollande et pour le « cher Watteau, » d'où cette parenté déjà visible avec quelques Anglais contemporains, s'inspirant aux mêmes sources.

Nous l'avons déjà dit, s'il y a, en effet, alors, des deux côtés de la Manche, une façon, de plus en plus fraternelle, de comprendre et de traiter le paysage, cet accord est aussi bien dû, et tout d'abord, à la reprise commune des mêmes traditions d'art, plutôt qu'à l'importation, assez tardive chez nous, des tableaux anglais. Il est probable, à la vérité, que même avant l'exposition suggestive des chefs-d'œuvre de Constable au Salon de 1824, on put voir, à Paris, chez des amateurs et des marchands, d'autres morceaux de lui ou de ses compatriotes. Nombre d'artistes d'outre-Manche voyageaient, étudiaient, travaillaient en France, dans la Normandie, notamment. A Paris, le charmant et délicat Bonington, camarade, chez Gros, de Delacroix et de Huet, plus âgé de trois ans que ce dernier, était, pour eux, un bon conseiller. Delacroix, dans son journal, lui rend un sincère hommage : « Il y a terriblement à gagner avec ce luron-là, et je sais que je m'en suis bien trouvé. » Le peintre du *Massacre de Scio* et du *Sardanapale* pouvait, en effet, s'avouer le débiteur de Bonington, dont l'exquise virtuosité se plaisait aux harmonies élégantes et claires, et aux vives caresses des colorations brillantes. Mais quels rapports, entre ses paysages tendrement aérés, aux ciels transparents et légers, aux plages finement nuancées, où passent, en des rêveries lumineuses, des souvenirs de Guardi, de Canaletto, de Turner, et les visions contemplatives et graves, d'une facture un peu lourde, terne et sombre, déjà particulière à Paul Huet, que hantent plutôt, à cette date, les conceptions épiques, dramatiques de Poussin, Rubens ou même de Salvator Rosa ? Il semble bien que, dès lors, le jeune paysagiste ait pris une direction trop personnelle pour subir, du dehors, des modifications capitales. Désormais, il donnera plus qu'il ne recevra. Si l'on consulte les dates, lorsqu'on saisit chez lui des ressemblances avec ses cadets et ses successeurs, on constatera presque toujours qu'il les précède plus qu'il ne les suit, les prépare plus qu'il ne les imite.

Le Cavalier n'avait encore paru que chez Gauguin. En 1827, pour la première fois, Huet, enfin, se montre au Salon avec la *Vue des Environs de La Fère*. Dans une grande toile, de 1826, la *Maison de Garde à Compiègne*, on voit bien avec quelle volonté réfléchie, quelle virtuosité déjà ferme et variée, il entendait, en s'inspirant encore de Poussin et de Carrache, pour la vigueur massive des frondaisons opulentes, et d'Hobberna, pour les frémissements de lueurs sur les murailles grisâtres et les toitures rouges, exprimer la solitude silencieuse d'une habitation humaine, dans la profondeur des bois, à l'ombre des arbres géants, dont les cimes, dorées par l'automne, s'inclinent, au-dessus d'elle, pour la protéger des vents perfides et lui verser le murmure assoupissant de leurs feuillues frémissantes.

La curiosité de l'artiste, celle qui poussait tous ses camarades à la découverte du monde, Fiers en Amérique, Decamps en Orient, Corot en Italie, les autres à tous les bouts de la France, en Provence et en Bretagne, en Normandie et en Auvergne, l'avait déjà, on le voit, conduit hors de la banlieue. En 1826, il explore la forêt de Compiègne. En 1828, il part en Normandie, pour y rejoindre Boninglon ; mais celui-ci est déjà si malade qu'il ne peut l'attendre, doit se faire transporter à Paris, puis à Londres où il meurt. C'est sous le coup de celle tristesse que Huet voit la mer pour la première fois. Aussi la rencontre-t-il, d'abord, avec plus de surprise que de joie ; mais bientôt, à Honfleur, lorsqu'il assiste aux assauts tumultueux des hautes marées, il tremble et admire ; il voudrait « trouver des expressions neuves pour peindre les masses d'eau soulevées par l'on ne sait quel pouvoir, ouvrant un gouffre et se refermant par un choc violent qui semble saisir une proie. Celui qui pourra l'exprimer sur la toile sera un peintre. » De cette première impression, longuement et patiemment mûrie par le rêve méditatif d'une imagination tenace, sortiront plus tard toutes ces tragédies maritimes, la *Grande Marée d'Equinoxe*, les *Brisants à Granville*, etc. De même, de ses impressions juvéniles, dans le

Parc de Saint-Cloud inondé, sortira, après une longue gestation, son chef-d'œuvre, l'*Inondation à Saint-Cloud*. Il semble que, durant toute sa vie, cette force mystérieuse des eaux, ensorcelante, formidable et irrésistible, l'ait tourmenté comme autrefois Léonard de Vinci, par tous les problèmes multiples qu'elle propose à l'art du dessinateur et du peintre ainsi qu'à la pensée du savant et du philosophe. Les nombreuses études qu'il en fit à cette époque, et plus tard, à Fécamp, à Honfleur, au Tréport, soit à l'huile, soit à l'aquarelle, attestent son émotion persistante et son observation consciencieuse devant ces phénomènes.

Son activité, durant cette période, est extraordinaire. Il est pauvre, toujours pauvre, et, de plus, malade. Une fièvre maligne (typhoïde ou bilieuse) l'a mis à deux doigts de la mort ; il s'en relève avec peine et, durant plusieurs années, souffrira constamment des désordres qu'elle lui a laissés dans les fonctions digestives. Malgré tout, il ne chôme guère. Ouvert à tous les progrès, curieux de toutes les innovations, dès 1825, il s'était exercé à la lithographie, art munichois récemment importé par le comte de Lasteyrie et pratiqué tout de suite par Géricault, Charlet, Bonington, Delacroix. Dès 1827, il en publie plusieurs recueils, à Paris et à Londres, *Macédoines*, 12 *Paysages*, 8 *sujets de paysages*. En même temps, comme Delacroix, il apprend du graveur anglais, Reynolds, établi à Paris, la pratique de l'eau-forte dans laquelle il va bientôt se montrer un maître supérieur. Chemin faisant, il expose où il peut, en 1830, au Diorama Montesquieu, sous les auspices de la Duchesse de Berry, une *Vue de Rouen* et une *Vue du Château d'Arques*. Ce dernier tableau, panoramique, que nous retrouvons à l'école des Beaux-Arts, lui valut dans le *Globe* un article enthousiaste de Sainte-Beuve qui admire en lui, comme sa qualité saillante, « l'intelligence sympathique et l'interprétation animée de la Nature. » Dès lors, le peintre s'associe, comme un allié des plus précieux, au groupe des militants littéraires.

## Section III

La Révolution de 1830 fut saluée avec joie dans la jeunesse romantique. Par tempérament ou par conviction, qu'on s'y mêlât ou non de politique, dans le Cénacle on se proclamait libéral. Quelques-uns souhaitaient la république et ne s'en cachaient point ; Huet, l'un des plus ardents, s'était même laissé naguère affilier un moment au carbonarisme. Il jurait d'ailleurs qu'on ne l'y reprendrait plus et, mieux informé, refusa depuis de se laisser enrégimenter en aucune société secrète. Aux journées de Juillet, il avait fait le coup de feu avec Alexandre Dumas, alors secrétaire du Duc d'Orléans. Est-ce par lui qu'il fut mis en rapport avec le Palais-Royal où fréquentaient déjà plusieurs camarades de la plume et du pinceau ? Toujours est-il que quelques années après, en 1836, on le trouve professeur de peinture de la jeune Duchesse d'Orléans qu'il accompagne au château de Compiègne.

De 1830 à 1836, la gêne était encore restée grande, malgré un travail opiniâtre. Toujours avide de spectacles nouveaux et d'impressions fortes, il avait, en 1831, fait à pied la tournée des monts d'Auvergne avec MM. de Talliac et de Cambis puis, chez ce dernier, passé quelques jours à Avignon. Ses étonnements et ses émerveillements, notés dans une longue lettre à son ami Sollier, sont encore de ceux qu'il entretiendra passionnément dans sa mémoire et qu'il traduira, peu à peu, plus tard, en quelques-unes de ses meilleures toiles. Il reviendra sans doute en ce pays, il y fera des études plus détaillées et plus attentives, mais, dès cette première vue, son imagination a été subjuguée par les aspects sombres et terribles de cette campagne volcanique, qui, toute brûlée encore par les flammes intérieures, semble à peine remise de ses dernières convulsions. Sa prose nous offre un programme descriptif pour des tableaux à faire qui ne seront pas tous exécutés. Voici la Vallée des Bains au Mont-Dore : « En s'y enfonçant on commence à voir se détacher, blancs sur un fond d'un bleu vigoureux et indécis, des troncs, d'une forme bizarre et irrégulière, entièrement dépourvus d'écorces ; la hache les a mutilés : quelques-uns semblent des squelettes blanchis d'arbres desséchés par la neige et le temps ; puis, derrière, sont plus serrés ceux qui forment l'entrée de la Vallée d'Enfer, gorge superbe, où Michallon a puisé toutes les études du *Roland* ; quelques-uns ont été brisés par la foudre, d'autres sont renversés pêle-mêle sous le poids d'un rocher, ou ne tiennent plus à des terrains suspendus qui consolident la montagne et retiennent des éboulements… la nature sauvage est là dans tout son désordre et son âpreté… » Voilà bien tout ce qu'il s'est efforcé de mettre dans son tableau *Le Val d'Enfer au pied du pic de Sancy* (Salon de 1848 ; musée de Reims), dont l'aspect, en effet, est si sévère et si angoissant et qu'il est si curieux de comparer avec la transposition opérée par Michallon pour en faire un Val de Roncevaux et le décor lugubrement épique où retentit, une dernière fois, l'appel désespéré du héros carolingien.

Au Salon de 1831, profitant des libertés nouvelles, Huet présente sept tableaux et trois aquarelles. Il y arbore hardiment la cocarde romantique et poétique. Sous le *Soleil couchant derrière une vieille abbaye*, des vers de Victor Hugo extraits des *Rêves* (*Odes et Ballades*) ; sous l'*Orage à la fin du jour*, d'autres vers du même. Ce dernier, peint en 1827, n'avait fait que changer de titre. C'était notre *Cavalier*, admiré et connu des amis, mais non encore montré en public :

Voyageur attardé qui t'éloignes si vite,
De ton chien inquiet le soir accompagné,
Après le jour brûlant, quand le repos t'invite,
Où mènes-tu si tard ton cheval résigné ?

Pourquoi ce changement d'étiquette ? Est-ce déjà une protestation du peintre contre ceux qui l'accusent de faire de la peinture littéraire, parce qu'il a trouvé dans les harmonies verbales des poètes l'expression juste d'impressions identiques aux siennes devant la nature, qu'il traduira, lui, par des harmonies colorées ? Peut-être. En tout cas, rien de plus injuste en ce qui concerne Huet. S'il est vrai que, suivant l'heure, il juge bon, comme Corot, d'animer son paysage par quelque figure humaine, parce que le site lui-même, son caractère, son éclairage évoquent, dans sa contemplation, le souvenir d'une action réelle ou d'une création littéraire, s'ensuit-il que la valeur de son paysage s'en accroisse ou s'en diminue ? On peut trouver, assurément, le décor du *Soleil couchant sur l'abbaye*, mal présenté, d'une facture flottante et molle, et les noirs fourrés d'arbres devant lesquels s'effare le cheval du *Voyageur*, assez lourdement peints, mais ce sont des œuvres juvéniles, et, malgré ces tâtonnements, on y sent une précision d'analyse, une recherche de *bien rendu* après le *bien vu*, qui n'ont rien à faire avec la littérature.

Chez Huet comme chez Corot, on peut supprimer les figurants ou figurantes, que leur imagination romantique ou classique évoque, par association sentimentale, à leur paysage. Ce paysage n'en reste pas moins vrai, sincèrement contemplé, sincèrement représenté, traduit, expliqué suivant le tempérament de l'artiste dont il a traversé l'âme. Sous ce rapport, Huet n'est pas moins respectable et intéressant que Corot, et il est plus varié. Ces deux grands artistes n'ont nul préjugé. Il leur importe peu qu'on les traite, tour à tour, de révolutionnaires ou de réactionnaires, de classiques ou de romantiques. Parce qu'il y a eu des Valenciennes et des Bidaud, qui ont fait du paysage historique un théâtre de bois peint traversé par des marionnettes, il leur semble absurde que, sous prétexte de vérité, on proscrive absolument, de la plaine, des bois ou de la mer, l'humanité vivante, d'aujourd'hui ou d'autrefois. Et ils le disent, et ils font bien ! Et c'est ainsi qu'en tendant une main à leurs ancêtres et tendant l'autre à leurs descendants, ils associent le passé à l'avenir, et rétablissent, entre les diverses générations d'une même race, ce lien des traditions qu'il est toujours dangereux de briser.

Gustave Planche inaugurait alors, dans la *Revue*, la série de ses *Salons*, Il constata la victoire de la jeune école, du paysage naturel, et détermina avec une lucidité puissante le caractère et le rôle de son chef, fluet est un de ceux qui « comprennent tout ce qu'il y avait de poétique et d'élevé dans Claude Lorrain, Poussin, de pittoresque et d'animé dans Turner, » un de ces esprits sérieux et recueillis, amoureux d'impressions profondes et progressives, demandant qu'on les observe mieux. « Il faut donc, avant tout, ramener le paysage à la Nature… C'est ce que M. Huet a voulu et veut encore d'après des réflexions nombreuses et purement personnelles. »

En parlant du même Salon, Jal, si peu tendre aux novateurs, voyant dans Huet un complice de Delacroix, apôtre de la « *laideur* » et des « *formes convulsées*, » ne peut néanmoins retenir un cri de justice : « C'est un *oseur* ! Il n'a voulu ni du moderne paysage historique, ni de la simple et naïve réalité, il s'est fait *paysagiste d'expression*… Il y a de la lourdeur, de la dureté, de l'uniformité dans ses tableaux, mais avec cela une *profondeur*, un *sentiment, une richesse d'imagination* qui étonnent. » Cette fois, la parole des sages ennemis s'associait à celle des amis prudents pour proclamer la vérité.

En 1833, la *Vue générale de Rouen* est récompensée par une médaille. On admire, à côté, la *Soirée d'automne* (musée de Lille), la *Vue de Saint-Cloud*, etc. L'irascible Delécluze, au *Journal des Débats*, Jupiter trônant et tonnant sur le dernier sommet de l'Olympe déserté, retient presque ses foudres. Il daigne reconnaître chez un débutant, « le jeune *Corrot* » (*sic*), de bonnes qualités et chez Huet « de grands efforts. » Mais, à tous deux, il fait le sanglant reproche « *de poursuivre la vérité avec trop d'acharnement,* » et, particulièrement à Huet, celui de « négliger absolument le dessin. » On sait ce que vaut ce reproche si l'on examine les scrupuleuses analyses, au crayon, à la pointe, à l'aquarelle, à l'huile, d'après des arbres, des rochers, des fleurs, des paysans, faites par le paysagiste pour lequel, comme il le déclare, « aucune étude ne saurait être trop vraie. » Mais Delécluze, comme bien d'autres alors, ne comprenait le dessin que par la ligne et le contour, et non par le modelé et les valeurs.

En 1834, les *Vues du château et de la ville d'Eu* sont achetées par le Duc d'Orléans, et la *Vue générale d'Avignon* obtient un grand succès. Cette même année, en septembre, l'artiste épouse Mlle Richomme, sa nièce et son élève. La lune de miel est délicieuse. On voyage, on travaille ensemble à Compiègne, en Normandie. Un seul chagrin en 1856 ; cette année-là, l'Institut est féroce ; c'est une hécatombe de romantiques : Rousseau, Lami, jetés à la porte. Ary Scheffer ouvre chez lui un *Salon des Refusés* où, naturellement, Huet figure. En 1837, le bonheur conjugal est complet encore ; on passe la belle saison à Compiègne, près du Duc et de la Duchesse d'Orléans. Mais, en 1838, douloureuses inquiétudes. La jeune Mme Huet est gravement atteinte : il lui faut le Midi. Les époux vont s'installer à Nice, où, sauf un bref retour à Paris, leur séjour se prolonge jusqu'à la catastrophe finale, en décembre 1839.

Durant cette transplantation, le peintre, en de nombreuses lettres, nous confie les cruels soucis dont souffre son cœur. Près de la chère mourante, il lui faut vaillamment chercher « par nécessité » dans le travail « diversion à ses tourments. » Cette nature du Midi, inattendue pour ses yeux septentrionaux, « cette nature resplendissante, si en dehors de ses études et de ses premières affections, » le surprend, l'inquiète. Il ne sait « si son pauvre talent pourra jamais en approcher. » Cependant, il s'efforce, il s'enhardit, il reconnaît, il comprend « toute la force, toute la finesse admirable qu'elle tire de son soleil et de sa lumière. » De ce premier séjour en Provence datent sans doute plusieurs belles œuvres, notamment la *Côte d'Antibes*, Revenu à Paris, il expose au Salon de 1840 la grande Vue dit château d'Arqués (musée d'Orléans), au Salon de 1841, l'*Intérieur de Forêt, Vue du Port de Nice* et autres paysages niçois.

La décoration qu'il reçut alors ne lui apporte qu'une joie passagère. Désireux de revoir à Nice le souvenir de celle qu'il a perdue, il y retourne à l'automne, après un arrêt chez Lamartine à Saint-Point et chez des amis à Avignon. Cette fois, il ne résiste plus à la tentation, il se décide à demander à l'Italie la consolation puissante que plusieurs de ses amis y avaient déjà trouvée. Il s'arrête à Gênes, Pise, Florence, d'où il écrit longuement à son ami Sollier, et à Mme Richomme, « sa sœur mère. » C'est toujours avec la même sincérité, la même liberté d'intelligence ouverte et de goût éclairé qu'il note, à la fois, les désillusions de ses yeux français, épris de franchise, de simplicité et de clarté, devant les somptuosités menteuses de la décadence académique et jésuitique et son admiration, émue devant les chefs-d'œuvre des vrais artistes du XVe et du XVIe siècle. A Rome même, d'ailleurs, le souvenir de la France ne le quitte jamais. S'il est profondément ému par les grands souvenirs qu'il emportera de la Ville éternelle et surtout de sa campagne, il se défie de ses séductions, et « de ce doux farniente qui est la plaie du pays. » Il constate que, d'une part, parmi nos compatriotes à Rome, les uns « s'endorment sur leurs admirations pour les vieux chefs-d'œuvre, » tandis que, chez d'autres, « la peur de tomber dans le ridicule tapage des élèves de Michel-Ange, et la fausse grandeur romaine, rapetissent les idées et l'exécution. De là cette mesquinerie et ce retour au primitif qui produit bien des sottises. »

Gustave Planche, qui voyage aussi en Italie, lui écrit alors de Naples, de Florence, de Milan, des lettres amicales et encourageantes, pleines de détails curieux sur tous leurs amis, Delacroix, Riesener, Boulanger, etc., tous plus ou moins troublés par les difficultés et les agitations de la vie parisienne. « Pour maintenir son intelligence en bonne santé, il faut veiller sur soi-même à chaque instant du jour. » C'est ce que faisait, avec quelles angoisses singulières, mais aussi quelle énergie, Eugène Delacroix, on le sait par son journal intime. A défaut de notes secrètes, la correspondance de Paul Huet, certainement très sincère (on le sent à ses contradictions, inattentions ou découragements), nous montre qu'avec une sentimentalité plus étendue, des habitudes de tendresses plus délicates et plus vives partant plus difficiles à maîtriser, le paysagiste maladif s'efforce pourtant, lui aussi, de garder son équilibre moral et intellectuel.

Lorsqu'il rentre en France, ses amis sont frappés de sa tristesse persistante. On veut le remarier, on lui fait connaître, dans une excellente famille, une délicieuse jeune fille, Mlle Claire Sallard. Laissons à son fils le plaisir de raconter l'idylle durant laquelle l'artiste quadragénaire « dut conquérir sa fiancée. » Celle-ci avait déclaré qu'elle n'épouserait jamais ni un veuf, ni un homme petit, ni un homme portant sa barbe, ni un homme à lunettes, ni un homme plus âgé, etc., etc. Or, le futur réalisait exactement toutes les conditions requises pour être repoussé. Mais « conquis à première vue, il ne voulut pas capituler sans se défendre ; il entendait la conquérir à son tour, M Et il opéra si bien ; en effet, par les charmes de son esprit et de son talent, de sa conversation et de sa correspondance, que le mariage fut célébré au Mans le 21 août 1843. « Jamais union ne fut plus complète, affection plus vraie et plus solide dévouement plus absolu, plus admirable. » Une longue suite de lettres charmantes échangées entre les époux ou avec leurs amis nous fournit des preuves de ce dévouement qui n'eut que trop vite à s'exercer. Moins d'un an après, l'artiste, condamné par les médecins, dut abandonner Paris, sa situation, ses travaux, et retourner dans le Midi, d'abord à Nice, puis, deux ans de suite, à Pau. Il y retrouve, en 1844, Eugène Delacroix, avec lequel il reprend la vie commune d'études et de causeries des beaux jours. Il ne peut s'installer pour peindre en plein air, mais il s'adonne avec passion, aux joies délicieuses de l'aquarelle et du pastel. « L'huile perfide, cette fois, ne nous jouera plus de ses tours, et l'on n'a plus le droit de faire des tons sales, avec des couleurs si fraîches et si mates. » S'il trouve ce genre bien fait « pour rendre la limpidité, calme et brillante à la fois, des exquises vapeurs de l'Italie, » il comprend bien qu'il serait imprudent de « l'employer à rendre l'âpreté des rochers pyrénéens ou le sévère caractère de la campagne romaine. » A chaque instant, dans ses lettres comme dans ses notes si instructives, éclate cette double préoccupation : savoir employer, pour la réalisation, tous les procédés connus, anciens ou nouveaux, soit en peinture, soit en gravure, mais ne les employer, suivant les circonstances, que pour une appropriation exacte à la nature et au caractère des sujets. Préoccupation indispensable à l'artiste réfléchi, et qui nous explique, à la fois, l'étonnante variété de sa facture, tour à tour si ferme et si souple, si solide et si légère, si sombre et si lumineuse, en même temps que son unité foncière et intense due à la ténacité de l'observateur et du visionnaire qui se sert, suivant l'heure, des moyens les plus propres à rendre sa vision, sans condamner ses impressions diverses à passer dans le laminoir d'une même formule, ni toutes ses toiles à porter la marque uniforme d'une touche brevetée, garantie d'authenticité pour l'amateur et le marchand.

En 1846, Huet se retrouve, l'hiver, à Pau avec Roqueplan et Devéria, malades aussi, et reste l'été aux Eaux-Bonnes. Il ne rentre à Paris qu'en 1847, peu de temps avant la Révolution. En 1848, il passe, en famille, l'été à Bellevue, mais il s'en échappe, durant les journées de Juin, pour se joindre comme « volontaire » à la garde nationale, « bien qu'il en fût exempt. » Le bon peintre, le bon époux, le bon père, le bon ami ne devait jamais renoncer à être un bon citoyen.

## Section IV

De 1848 à 1869 Paul Huet, visiblement, subit le contre-coup des événements politiques. Toujours laborieux, néanmoins, on le voit se déplacer sans cesse, et, suivant les saisons, faire des séjours d'étude, plus ou moins prolongés, tantôt chez des amis, les dés Essarts à Crécy-en-Brie, Ernest Legouvé à Seine-Port, tantôt dans les auberges d'artistes en liberté, à Trouville (avec Troyon), à Granville, pour revoir la mer, à Chailly près Barbizon, et surtout à Fontainebleau, pour revoir la forêt. Dans toutes ces haltes, le soir, après la station en forêt ou sur la plage, après le dîner frugal, on a le temps de rêver et d'écrire aux absents. Muet, prosateur agréable, qui n'a point oublié ses humanités, aime à s'épancher, en interminables causeries, avec sa femme, avec ses amis les peintres Sollier et Legrain, et son confident intime et conseiller indulgent, le président Petit, de Grenoble. On pourrait, de ces lettrés, extraire un gros paquet d'anecdotes amusantes faisant suite aux charmants souvenirs de Frédéric Henriet, *le Paysagiste aux champs*.

Toutes les joies et misères du peintre nomade en plein air ne lui font oublier ni ses amitiés littéraires, ni ses convictions libérales. La mort de Bazin, son parent, l'historien dé Louis XIII, lui donne l'occasion d'une correspondance avec Sainte-Beuve. En 1851, au coup d'Etat du Deux Décembre, il prend part à la résistance avec de Flotte et Hippolyte Carnot. Il faillit, plusieurs fois, être fusillé. « Il ne put jamais, dit son fils, se résigner à taire son sentiment sur le coup d'Etat et à pardonner à l'Empire ses procédés et ses origines... Plusieurs tentatives furent faites pour le rallier au groupe artistique et littéraire qui trouvait, dans les salons du prince Napoléon et de la princesse Mathilde, un terrain de demi-conciliation... Il refusa toujours, disant que ses convictions politiques ne lui permettaient pas d'accepter et que ses attaches avec la famille d'Orléans, comme professeur de la duchesse, étaient un autre obstacle. » Cette dignité, rigide et fière, son intimité avec les plus illustres opposants, Victor Hugo, Lamartine, Michelet, Eugène Pelletan, malgré la correction silencieuse de son attitude réservée, et son refus de toute manifestation militante ou théâtrale, comme celle de Courbet, purent assurément nuire fortement à sa carrière d'artiste, comme le prouve par quelques anecdotes piquantes René Paul-Huet. Mais si cela est exact pour sa carrière officielle et publique d'artiste qui ne se trouve plus assez à la mode, assez médaillé, décoré, achalandé, ce ne le fut point pour celle de l'artiste producteur.

Alors, il est vrai, dans la solitude de cet atelier, où il s'enfermait volontairement, la nervosité de l'artiste qui se voyait négligé, se croyait dédaigné, s'exaspéra de plus en plus. Dans cette âme aigrie et passionnée, entre les irritations de l'artiste blessé, les indignations du citoyen désillusionné, et la volonté de rester ferme et digne au milieu de ces souffrances, commença un combat douloureux qui, sans doute, contribua à miner ses forces et hâter sa fin. Sa correspondance est alors remplie de plaintes, de ressentiments, d'angoisses, qui révèlent une extrême susceptibilité.

Cependant, il se montre à tous les Salons. En 1852, c'est avec le *Soir d'orage en forêt*, et les deux intérieurs de bois, *Fraîcheur du Bois* et *Calme du Matin*, ces belles études qui, au musée du Louvre, prouvent le mieux la justesse et la finesse de ses observations, la délicatesse poétique de son amour pour les grâces et les enchantements les plus simplement exquis de la nature. Mais, à la fin de 1852, de nouveaux troubles sont apportés dans sa vie, par deux maladies successives, une ophtalmie et la rougeole, et puis la proclamation de l'Empire !

En 1853, les *Marais salants aux environs de Saint-Valéry-sur-Somme* et les *Brisants à Granville*, deux superbes morceaux très caractéristiques, passent inaperçus. Delacroix, cependant, avait proposé, dans le Jury, un rappel de médaille, mais on ne l'a pas écouté. Huot s'en afflige : « Décidément, dit-il, notre temps est fini ; je représente le romantisme dont il n'est plus question depuis longtemps, ma seule consolation est de mourir en bonne compagnie... L'Exposition était cependant intéressante, forte comme exécution, mais aucune tendance à l'idéal ou à la grandeur. Delacroix, avec son grand style, avait l'air d'un frère barbare au milieu de cette facilité gracieuse, de ce naturalisme (le mot est à la mode) aimable, qui ne veut ni pensée, ni sujet, ni drame... Je ne vois dans tout cela que de fortes raisons de ne pas abandonner le genre de style qui m'appartient. »

Sa félicité domestique, le nombre et la qualité de ses amis fidèles, lui faisaient heureusement oublier, par instants, ses misères professionnelles. Avec cette mobilité sincère qui fait le charme de ses lettres et compense les répétitions un peu longues de ses plaintes, et de ses aigres sorties, passagères, il est vrai, mais parfois assez blessantes à l'égard des confrères et rivaux auxquels il se croit sacrifié, il le déclare franchement : « Je suis heureux. Ma femme est toujours la bonne et charmante compagne que tu connais, les enfants poussent à ravir, comme de vrais et bons champignons... Mais s'il m'était défendu de travailler, cela me manquerait beaucoup. Sans pouvoir, comme Delacroix que j'admire, calculer mes forces, mes instants, mes plaisirs et ma vie pour le culte de l'art, je suis heureux, tout en jouissant d'autres bonheurs qu'il ne connaît pas, d'avoir un peu de sa passion et de son amour pour le métier ingrat et perfide après lequel nous crions tant. »

On voit combien Huet, ainsi que son grand ami, savait analyser son organisme intellectuel et moral, mais aussi quels différents effets, dans les deux âmes, résultaient des mêmes combats ! Chez Delacroix, l'homme énergiquement sacrifié à l'artiste, chez Huet, un partage résolu, parfois douloureux, entre l'artiste et l'homme. Même différence, d'ailleurs, pour le point de départ, dans leur activité productrice. Chez le brosseur, actif et impétueux d'épopées tragiques ou sentimentales, presque toujours, à l'origine, une vision poétique, historique ou littéraire, pour la traduction de laquelle il consulte le modèle vivant. Chez le compositeur, contemplatif et réfléchi, de paysages décoratifs et expressifs, toujours, à l'origine, une sensation vive et spontanée directement reçue de la nature, fortifiée et mûrie par un choix réfléchi de ses éléments. Ce qu'on appellera, si l'on veut, l'esprit romantique, dû, en grande partie, à la littérature contemporaine, n'agit point de même chez les deux exécutants, car, chez l'un, c'est l'inspiration foncière de l'œuvre, et de sa présentation mouvementée et pathétique, tandis que, chez l'autre, ce n'est qu'une animation plus chaude, par un souffle extérieur de température ambiante, d'impressions très précises reçues de la réalité même et patiemment clarifiées par, une mémoire fidèle. L'Exposition universelle de 1855 fut, enfin, pour Huet, l'occasion d'un vrai et juste triomphe. Quatre chefs-d'œuvre, l'*Inondation à Saint-Cloud*, le *Soleil couchant à Seine-Port*, les *Environs d'Antibes*, la *Fraîcheur du bois*, montrèrent, avec éclat, son talent sous ses formes diverses. Ces toiles, placées auprès de celles de Delacroix, n'eurent pas à souffrir de ce voisinage redoutable. Son vieux compagnon lui témoigna, à plusieurs reprises, son admiration et, grâce à ses efforts, après le vote des grandes médailles par le Jury officiel, où Corot et Huet avaient été oubliés, l'Empereur ajouta à la liste deux récompenses supplémentaires pour les deux maîtres sacrifiés. Tous les amis applaudirent, et l'artiste, en vérité, avait grand besoin de ce réconfort. Par intermittences, il semblait faiblir. Dans son entourage, on s'inquiétait. Delacroix, cette année même, sortant de son atelier, griffonna, sur son carnet : « Ce pauvre Huet n'a plus le moindre talent, c'est de la peinture de vieillard ; il n'y a plus l'ombre de couleur. » Il est vrai qu'il ajoute : « J'avais oublié mes lunettes et suis revenu, tout courant et fatigué pour les reprendre au septième étage de Durieu. » On a cru voir, bien à tort, dans l'une de ces boutades nerveuses, dont il est coutumier, une preuve de duplicité chez Delacroix. Or, c'était l'heure même où il prenait tant de peine pour mettre en lumière la valeur de son ami. D'ailleurs ses impressions, mobiles autant que vives, n'avaient pas tardé à se modifier devant d'autres travaux plus heureux, puisqu'il écrit, dans ce même journal, en 1858 : « J'ai été chez Huet ; *ses tableaux m'ont fort impressionné.* Il y a une vigueur rare ; encore des instants vagues, mais c'est dans son talent. On ne peut rien admirer sans regretter quelque chose à côté. En somme, grand progrès... *J'y ai pensé avec beaucoup de plaisir toute la soirée.* »

Cette note vise probablement les huit grands panneaux décoratifs pour le salon de M. Lenormant, à Vire, qui furent exposés l'année suivante, ou les ébauches des superbes toiles, la *Marée d'Èquinoxe* et les *Falaises de Houlgate* dans lesquelles Delacroix put retrouver la puissance d'émotions qu'il avait crue perdue chez son ami, avec quelques similitudes, dans les harmonies colorées, avec sa propre manière. Différents exemplaires, avec d'intéressantes variantes, de ces œuvres capitales, se succédèrent aux Salons de 1861, 1864, 4865, 1866, accompagnées d'autres toiles, qu'on retrouve à l'Ecole des Beaux-Arts et dont l'ensemble assura encore à leur auteur un grand succès international à l'Exposition universelle de 1867.

Par malheur, ce succès public ne fut pour l'artiste qu'une cause nouvelle de désillusions, de déboires, d'irritations de toute espèce. Les applaudissements des artistes et de la critique, les consolations, si multiples et si tendres, apportées par tous ses illustres admirateurs, ne purent le consoler de la scandaleuse indifférence du Jury et de l'Administration à son égard. Il se crut noté à la préfecture de police comme « déporté à l'intérieur. Homme très dangereux !... un de ces affreux romantiques, victime désignée qui fait crier : « Tue ! tue ! » par ceux qui ne se doutent pas de ce que le mot veut dire. » Le fait est qu'il y avait déjà plusieurs années qu'assistant au succès croissant des anecdotes spirituelles, des mythologies mondaines ou des fades imageries religieuses, d'un naturalisme méticuleux ou brutal, sans aucune imagination et sans poésie, tous les survivants de la grande armée se sentaient démodés et dépaysés. « Nous visions en haut, autrefois, s'écrie Delacroix ; heureux qui pouvait y atteindre ! La taille des lutteurs d'aujourd'hui ne leur permet même pas d'en avoir la pensée. Leur petite vérité étroite n'est pas celle des maîtres. Ils la cherchent terre à terre avec un microscope. »

Durant ces dernières années, la correspondance de Huet devient encore plus expansive et confidentielle, plus abondante que jamais en détails curieux et piquants, sur son entourage, artistes et écrivains, et sur les événements contemporains. C'est alors aussi qu'il rédigea sans doute ou classa six notes sur *l'Art en général*, la *Peinture de Paysage*, le *Paysage décoratif* recueil d'observations, réflexions, théoriques et techniques, très utiles également à consulter. A la fin de 1868, il marie sa fille bien-aimée, en croyant assurer son bonheur. « Quel cruel retour, nous dit son fils, préparaient ces douces illusions ! » Durant l'automne, il peint et dessine assidûment encore en Normandie et à Fontainebleau. Mais des idées noires le travaillent. Rentré à Paris, il embrasse sa fille partant pour l'Italie. Le 8 juin 1869, il avait travaillé toute la journée, fait une visite à Pailleron, dîné en famille ; il s'était endormi d'un sommeil calme. A trois heures du matin, sa femme et son fils le trouvèrent mort dans son lit : « D'une congestion, d'un anévrisme, d'une embolie ?... Mort de chagrin. »

## Section V

Nous connaissons l'homme. En compulsant l'énorme dossier de documents, lettres, notes, rassemblés par la piété filiale, nous le connaissons, à fond, au physique et au moral, presque aussi bien que s'il nous avait laissé son journal intime et confidentiel, comme l'a fait Delacroix. Paul Huet est si communicatif, si familier dans ses lettres, qu'on ne peut guère douter de leur entière sincérité. Au physique, c'est bien le petit homme, nerveux et inquiet, qu'en notre jeunesse, nous voyions rêver dans la Pépinière du Luxembourg, ou cheminer, dans la grande allée, vers l'Observatoire, en compagnie de Michelet, Sainte-Beuve, Préault, Eugène Pelletan ou quelques autres survivants de la glorieuse phalange dont nous vénérions les noms et les personnes.

« Petit, nous dit son fils, mais bien proportionné, la tête fine, des yeux bien enchâssés, vifs, qu'il fermait à demi, lorsqu'il fixait, sur un objet ou une personne, son regard clair très pénétrant. Un sourire bienveillant, avec une nuance de raillerie, qu'on devinait dans sa barbe plus qu'on ne le voyait, mais les yeux riaient plus que la bouche. La physionomie, habituellement un peu grave et triste, le front haut et bombé, sillonné de veines aux tempes, sous des cheveux bruns et bouclés. Très myope, il a toujours porté lunettes, et souvent se servait d'une lorgnette pour étudier le dessin des objets ou figures. Nerveux, sanguin, ardent à tous les exercices, agile et adroit, réservé, très doux, d'un commerce facile et bienveillant, mais d'une violence extrême si on abusait de sa bonté ; il avait alors des colères terribles. »

Au moral, tous ses amis, tous ses confrères, tous ceux qui l'ont approché sont unanimes à le juger de même sorte : au lendemain de sa mort, Michelet écrivait au *Temps* : « Il était né triste, fin, délicat… Une femme a bien dit : nul n'a eu plus le sens des pleurs de la nature… C'était plus qu'un pinceau, c'était une âme, un charmant esprit, un cœur tendre, et beaucoup trop, hélas !… Qui nous rendra jamais cet aimable voisin, cet ami du foyer, ses visites du soir ? La place y est vide. Je l'attendrai toujours. » Sainte-Beuve ajoute dans une note à ses *Portraits contemporains* : « Ce n'était pas seulement un talent, c'était une intelligence. Et ceux qui l'ont connu ajouteront : C'était un cœur droit, orné des plus douces vertus. » Dix ans après, dans une préface attendrie à un catalogue de quelques œuvres, Ernest Legouvé le comparait, pour le caractère, à ses grands contemporains, constatant, avec finesse, cette extrême sensibilité des yeux, du cœur, de l'esprit, qui ne laissa jamais, chez lui, l'égoïsme professionnel, naturel ou réfléchi, occuper une place prépondérante. « Il n'avait ni le détachement de Corot, ni l'orgueil de Delacroix. Il ne pouvait pas les avoir. Créature essentiellement impressionnable, sensible, je dirais volontiers féminine, il avait besoin du succès, ne fût-ce que pour croire à lui-même… Toute piqûre devait être blessure pour cet être agité, inquiet, surexcité encore par une santé variable. » Legouvé exprimait le désir qu'un jour on pût réunir, en les empruntant aux Musées et aux collections particulières, un ensemble plus significatif de ses travaux, peintures, aquarelles, gravures. C'est ce qu'on a essayé de faire aujourd'hui.

Les querelles tapageuses entre classiques et romantiques, romantiques et réalistes, réalistes et impressionnistes, sont peut-être assez calmées pour qu'on puisse rendre justice à tous les artistes qui ont fait l'honneur du XIXe siècle, sous quelque drapeau qu'ils aient combattu. La plupart, d'ailleurs, s'y trouvèrent, comme Huet, enrôlés de force, par cet étrange et absurde besoin de classifications tranchées qui oublie toutes les complexités fatales et fécondes de l'activité humaine pour donner satisfaction à l'ignorance simpliste des foules autant qu'aux habitudes formalistes de la critique pédantesque et de l'enseignement scolaire.

Nous avons sous les yeux 217 peintures, 136 aquarelles, pastels, dessins et quelques spécimens des eaux-fortes et lithographies. C'est plus qu'il n'en faut pour savoir si les contemporains de Huet, artistes, écrivains, critiques, se sont trompés en l'acclamant comme le rénovateur du paysage français, comme l'un de ceux qui, dans son évolution, avaient marqué une des étapes les plus glorieuses. Pour être juste, il faut, d'abord, ne point éparpiller son attention sur un certain nombre de petites toiles, d'époques diverses, ébauches, préparations ou redites, d'une valeur fort inégale. C'est le fond d'atelier qu'on est toujours obligé d'accueillir en des groupements de ce genre. Documents instructifs, d'ailleurs, d'un vif intérêt pour notre curiosité d'amateurs et de spécialistes, mais qui n'en ont guère plus, pour le grand public, que les brouillons raturés des grands écrivains extraits péniblement, par une érudition méritoire, mais parfois fort indiscrète et tatillonne, de leurs tiroirs oubliés. En examinant, suivant l'ordre chronologique, les grandes œuvres, celles dont le peintre s'est déclaré résolument responsable, on est vite convaincu, à la fois, de l'avance prise par lui dans l'affirmation ou l'indication de presque tous les éléments qui devaient successivement servir au renouvellement de son art, et de sa supériorité dans l'association de qualités imaginatives et techniques le plus souvent séparées avant lui et après lui, observation et émotion, vérité et beauté, science et poésie, exactitude et noblesse, dessin et couleur, forme et lumière. Qu'il ait toujours réussi dans cette entreprise hardie, ce serait lui reconnaître un talent plus sûr et plus rare qu'il n'en eut et n'en crut jamais avoir ; mais il est visible que, dès l'abord, il comprit son art avec une superbe ampleur et que, durant toute sa carrière, il refusa de la comprendre autrement. Entre son premier tableau à dix-neuf ans et son dernier à soixante-six, s'échelonne une série d'œuvres capitales, dont l'unité, la vérité, la grandeur, portent l'empreinte inoubliable d'une imagination puissante, sincèrement et profondément émue par le spectacle vivant des beautés naturelles en action, et trouvant à son service la science attentive d'un dessinateur scrupuleux et la virtuosité technique d'un coloriste chaleureux.

Ce qui étonne, d'abord, et déconcerte certains visiteurs, pressés et superficiels, dans cette collection, c'est la diversité des motifs traités, et aussi la diversité de leur exécution. Il y a un peu de tout, de vastes toiles décoratives, d'un caractère poétique et dramatique, d'autres avec des vues panoramiques, les unes puissamment condensées, les autres sans composition apparente, avec quantité de tableaux, grands ou petits, études et préparations de détails multiples, arbres et fleurs, mers et ciels, animaux et natures mortes, figurines et portraits. Comment, suivant les idées actuelles, admettre qu'un artiste puisse avoir aimé et compris tant de choses ? Comment accepter surtout -que, pour les traiter, il ait, suivant la variété des pays, des climats, des saisons, des heures, cru devoir modifier ses façons de dessiner et de peindre ? Que n'a-t-il, en Normandie, en Provence, en Auvergne, en Italie, gardé une touche uniforme, un procédé apparent de facture, cette marque de fabrique, brutale ou étrange, qu'exigent aujourd'hui du moindre débutant, et pour toute sa vie, la légèreté des critiques, l'ignorance des acheteurs et la cupidité des marchands ?

Le fait est que Paul Huet, comme tous les vrais artistes, n'a jamais cherché qu'à exprimer le mieux possible ce qu'il sentait. A mesure que sa virtuosité technique s'enrichissait de moyens d'expression plus complets par des assimilations étrangères et par son expérience personnelle, il les appliquait, les uns ou les autres, suivant les cas. Il ne dissimule point, d'abord, ce qu'il peut devoir aux ancêtres, et, plus tard, ne craint point de ressembler à certains contemporains. Il le craint d'autant moins, qu'à bien voir les dates, il les a, le plus souvent, précédés. Cette souplesse du rendu est surtout remarquable dans les aquarelles, où il fixait, avec une vivacité qu'admiraient ses confrères, les mouvements les plus passagers de ciels nuageux ou de vagues agitées qu'il aimait à contempler. Dans ses peintures, où il a recherché souvent des effets très compliqués et parfois subtils, sa main est plus lourde, mois lorsqu'il s'agit d'une vision intense, longuement et profondément mûrie, comme celle de l'*Inondation à Saint-Cloud*, par exemple, des *Falaises de Houlgate* ou du *Bois de la Haye*, la réalisation s'en opère, sans effort, avec une largeur et une liberté magistrales. Tous ces grands tableaux, nous disent ses proches, furent, dans leur forme définitive, exécutés, en quelques jours, avec un entrain et une verve d'improvisateur. C'est bien là, à vrai dire, devant ces désordres et ces souffrances des éléments déchaînés, comme devant la majesté et la sérénité des végétations gigantesques et des vastes espaces, qu'il se plaît et s'attarde, qu'il revient constamment, qu'il se sent et se montre lui-même. Son âme grave et triste cherche moins dans la nature des sourires et des caresses que des austérités, des inquiétudes, des colères. Et c'est pourquoi, sans doute, ses solitudes forestières, si imposantes et mystérieuses, ses marécages inquiétants au fond de vallées obscures, ses amoncellements de nuées menaçantes au-dessus des vagues en furie ou des campagnes terrifiées, étonneront plus qu'ils ne séduiront les amateurs d'humeur trop aimable pour s'attarder à la contemplation d'œuvres sévères dont les harmonies tristes se sont, parfois encore, alourdies et assourdies, fanées sinon éteintes, sous l'impitoyable action du temps. Quelles belles pages pourtant d'épopées terrestres ou maritimes, majestueuses ou dramatiques, que cette *Vue du château d'Arques*, auréolée par le crépuscule, comme sur un trône doré, au-dessus des magnifiques futaies de sa calme vallée, ce *Val d'Enfer* au pied du Sancy, si mystérieux et si inquiétant avec ces troncs de hêtres luisants dans l'ombre tels que des fantômes ou squelettes blanchis, ces *Marais salants à Saint-Valéry-sur-Somme*, miroitants à peine, ternes, rentrants en terre, sous l'écrasante pesée des nuages noirs comme l'encre qui vont leur verser leur colère, ces *Falaises de Houlgate en temps d'orage* (Salon de 1861) et même le *Gouffre*, exposé la même année, mais certainement d'une époque antérieure.

Ce *Gouffre* c'est, avec le *Cavalier*, et l'*Abbaye*, l'œuvre qui avoue, le plus hardiment, son origine romantique. Le costume et le type du chevalier moyen âge qui arrête sa monture effarée à quelques pas de l'abîme vers lequel se penche, en tremblant, son page, datent assurément la composition. Le fond de forêts et de plaines menacées par l'orage sont, déjà, d'une exécution étonnante. Voilà bien de ces comparses, dont Huet ne perdit jamais le goût, et qui l'ont fait prendre, à tort, pour un pur décorateur romantique, tandis qu'en fait, les paysages, leurs structures, leurs mouvements, leurs couleurs sont toujours d'une intense et forte vérité. On pourrait, nous l'avons dit, les supprimer sans dommage, presque toujours, car la scène s'explique sans les acteurs et ne leur doit pas son expression. Cependant, n'exagérons rien. Dans plus d'un cas, ces figures sont utiles ; c'est quand elles s'associent fortement au sujet, comme les baigneurs rapportant le corps d'un naufragé dans les *Falaises de Houlgate* ou le berger et sa femme, tapis et tremblants, sous leurs manteaux, dans un pli caché de terrain, au-dessus des *Marais salants*, dans l'attente de la foudre.

Ce n'est point seulement dans l'*Inondation à Saint-Cloud* que Huet excelle à nous montrer l'angoisse des grandes futaies, assiégées et minées par la montée des eaux débordantes, inclinant, sous les rages du vent, leurs longs fûts gémissants et leurs têtes effeuillées. Le *Bois de La Haye*, et *la Laïla*, une de ses dernières œuvres (un peu fatiguée, et moins résolue), nous offrent encore des spectacles semblables. Les colères de la mer démontée l'intéressent autant que celles des fleuves débordés. Où trouverait-on, dans les marines modernes, des soulèvements océaniques plus fortement rendus que dans la *Grande Marée d'Équinoxe au Tréport*, ou les *Brisants de Granville* ? Et par combien d'études admirables, franches et vivantes, sont préparées ces fortes synthèses, si profondément mouvementées, si vivement peintes et colorées ! Les sérénités et les tranquillités de la grande eau, apaisée et reposée, de l'éternelle séductrice et traîtresse, ne trouvent pas, en lui, à certains instants, un interprète moins fidèle et moins ému. Quoi de plus simplement vrai, de plus frais, de plus rythmique, que cette lente et régulière montée des vagues matinales, devant lesquelles se sauve un jeune pêcheur, sur une basse *Plage de la Manche* !

Les forêts de Huet et ses ciels ne sont pas toujours, non plus, en état de malaise ou de convulsions sous les assauts des vents ou les menaces d'averses. Quelle paix délicieuse, quelle tranquillité consolante, tombent de ses grands ormes touffus dans le *Parc de Saint-Cloud un jour de fête* (1829), sur la foule des citadins endimanchée qui trottinent à son ombre ! Même impression de calme dans l'*Intérieur d'un parc* sur la clairière où s'assoient et conversent des promeneurs en toilettes d'été !

Toutefois, c'est quand l'artiste-poète est seul, lorsqu'il s'enfonce sous-bois, sans but, au hasard, dans les fourrés et taillis, qu'il se sent le mieux pénétré et ravivé par cette fraîcheur diffuse des verdures naissantes et des brindilles entremêlées, et par les frémissements, coulées, éclats et caresses de la lumière à travers ce fouillis bruissant et parfumé. Les deux études *Fraîcheur des Bois*, et *Calme du Matin* (Musée du Louvre), sous ce rapport, sont typiques. Nulle recherche de présentation composée suivant les formules d'école, les habitudes d'atelier, les exigences du goût public. On est en plein dans le fouillis végétal, loin des sentiers, égaré, perdu. D'abord, rien que des taches, vertes, jaunes, brunes ; mais à mesure que l'œil se fixe, pénètre, s'enfonce, tout se démêle, tout brille et scintille à sa place, les frôles branchages des bouleaux et leurs écorces de salin blanc, les fûts blanchâtres des hêtres lisses, les troncs assombris des ormeaux rugueux, et tous les tressaillements des brindilles et folioles entremêlées sous la vive caresse du soleil qui monte ou dans le confus adieu de la brume illuminée qui s'évapore. Quelle admirable, clairvoyante, savante, libre sincérité !

Ce sera avec la même sincérité que, travaillant en Provence et en Italie, sous les éclats du soleil méridional, l'homme du Nord, mieux accoutumé pourtant aux lumières tamisées, s'efforcera de rendre, et rendra souvent avec force et charme, les aspects grandioses, plus durs et plus secs, des campagnes niçoises ou romaines. La *Côte d'Antibes* avec ses paysans dansant à l'ombre des arbres géans, devant l'horizon bleuâtre, la *Vue de Spolète*, la citadelle étrusque perchée sur ses assises formidables de gradins rocailleux et de tranchées roussâtres, la *Cascade de Tivoli*, à l'heure où il les peint, prouvent la souplesse énergique avec laquelle il savait trouver une façon personnelle de fixer, virilement, à son tour, le souvenir de sites célèbres, trop souvent représentés avant lui, pour que l'imagination de l'artiste le plus libre ne soit pas hantée par des réminiscences d'œuvres antérieures.

Quiconque examinée loisir l'énorme quantité d'aquarelles. de dessins, soit en feuilles, soit en albums, d'eaux-fortes, de lithographies, de gravures sur bois, de Paul Huet, retrouve partout cette sincérité devant la nature, qui est, d'ailleurs, la vertu maîtresse de toute la génération de Corot, Cabat, Théodore Rousseau, Millet, Daubigny, vertu obstinée et féconde, qu'ils ont presque tous payée d'ailleurs par les misères ou les difficultés de leur vie. Mais on trouvera chez Huet, dans ses belles œuvres, en plus que chez quelques-uns d'entre eux, une émotion profonde, délicate et attendrie, mélancolique et douloureuse, devant les séductions et les grandeurs de cette nature. Rien, pourtant, dans cet esprit sage et droit, où les misères physiques et les souffrances morales ne purent jamais altérer la conception la plus haute et la plus saine de la vie avec tous ses devoirs professionnels et sociaux, rien de ce désordre de sentiments et d'idées qu'on est convenu d'appeler la maladie romantique.

Si cette affection mentale, d'ailleurs fort mal définie, a pu troubler et dégrader, surtout dans le monde littéraire, quelques individualités médiocres ou infatuées, trop faibles pour conserver leur bon sens dans cette effervescence tumultueuse des intelligences enthousiastes, elle n'atteignit du moins jamais les paysagistes, préservés de toutes les contagions déclamatoires par leur commerce constant et forcé avec les réalités saines et simples de la nature et de la vie rustiques. Tous n'ont cessé de protester chaque fois qu'on a, voulu les affubler du titre de romantiques. Ce ne furent, en réalité, que de simples et loyaux artistes, de bons Français, amoureux surtout de leur pays, qu'ils ont fait connaître et admirer aux étrangers autant qu'à nous, fort indifférents, par bonheur, à tous les dogmatismes et toutes les théories, admirant, suivant l'heure, aussi bien Lorrain que Rembrandt, Poussin que Constable, fidèles en cela à notre génie national, génie de création vive et claire par la fusion libre et spontanée des traditions locales et des traditions étrangères.

Dans cette évolution féconde, c'est Paul Huet qui, le premier, comprit et démontra la nécessité de redemander, avant tout et toujours, à la nature elle-même, directement consultée, la matière première de la représentation. C'est lui qui rappela tout de suite et ne cessa de rappeler, en même temps, que cette représentation, pour avoir une grande portée, doit traduire l'émotion reçue au tant que l'observation faite, et que, pour le savoir-faire, il n'est point inutile de prendre conseil auprès des vieux maîtres dont les labeurs et l'expérience ont légué à leurs successeurs un outillage admirable qu'il serait imprudent de laisser rouiller. Il n'était que juste, semble-t-il, de rendre à ce précurseur du naturalisme, du réalisme, de l'impressionnisme qui fut, en même temps, le conservateur des belles traditions classiques, la place qu'il a mérité d'occuper, entre

Jehan Foucquet et Théodore Rousseau, Poussin et Millet, Lorrain et Corot, Watteau et Diaz, Oudry et Courbet, dans l'histoire du paysage français.

Section V

ISBN : 978-1983884511

www.ingramcontent.com/pod-product-compliance
Lightning Source LLC
Chambersburg PA
CBHW070930220526
45468CB00005B/1725